NOGUERA100

THE DAILY BEAST

Ideas de Miguel Noguera

AF212216

Ante la cualidad inherentemente inasible de la obra de Miguel Noguera y su creciente hurañía, nos hemos limitado a reunir en este volumen nuestras ideas favoritas de entre las que publicó en su sección diaria *THE DAILY BEAST*. No hemos podido conseguir su aprobación del compendio así que, técnicamente, Miguel no tiene ni idea de todo esto. Hay aquí ciento ochenta y siete ideas tal y como fueron presentadas en su sección, sin añadidos ni retoques, en un intento de conservar la pureza de su esencia. Miguel, avísanos cuando leas esto, estamos preocupados.

Blackie Books

ESTAMPAS CIBERPUNK

Noguera, el payaso anciano, tocando el violín en un callejón con unas Apple Vision apagadas.

Cucaracha con alas de ave.

Los de Mr. Wonderful
EXHAUSTOS.

(Esperando a que termine
La Wash en el 365).

Niña le pega muchos golpes muy fuertes en la
cara a su abuelo, que resiste impasible.

Cadena anclada a sopa.

Alcayata corporal.

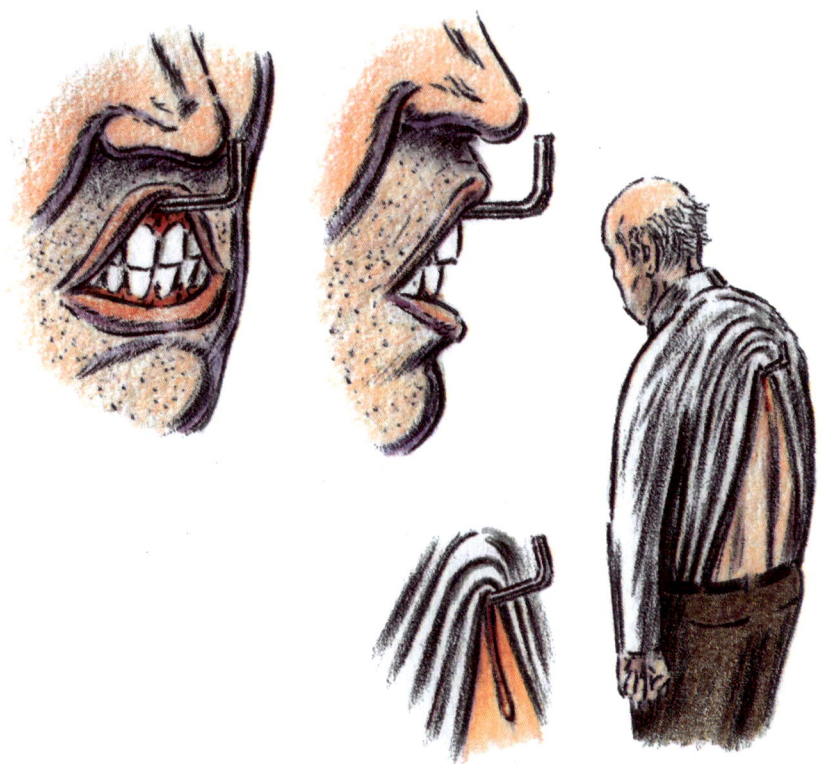

Paloma con alas de cucaracha.

El dueño de las piscinas naturales se hizo esculpir en la roca estornudando.

El hijo de la del cuarto se ha caído. El vecino, que empezó Medicina en los ochenta pero lo dejó y abrió una floristería, tiene unas inyecciones muertas de risa en el trastero. (Obviamente, el niño sufre una muerte horrible, jaj).

(Le pincha en la herida).

Sobera haciendo una *intervention* a su amigo colesterólico en el anuncio de Danacol [2015].

Pensar que se hubiera presentado en el rodaje con la cara monstruosamente abotargada.

«Consejos vendo que para mí no tengo».

Cerveza con forma de reloj de arena.

Desodorante alrededor de los ojos.

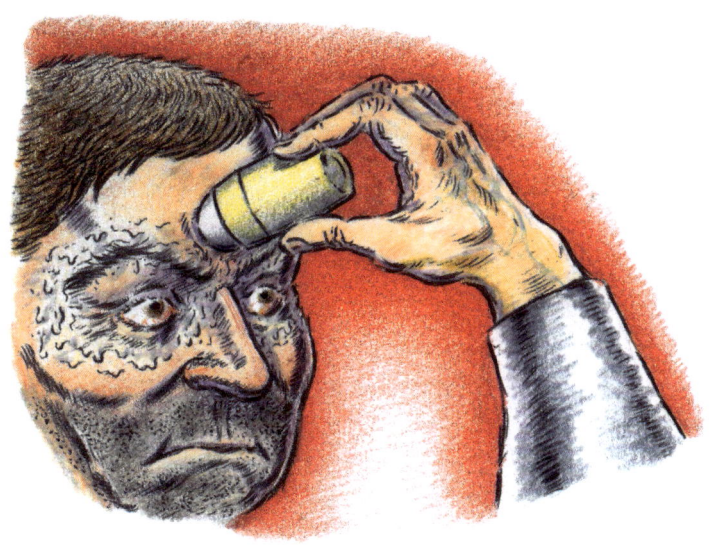

Vela sobre filo.

Del codo reventado
de Chenoa sale una
cabeza perruna.

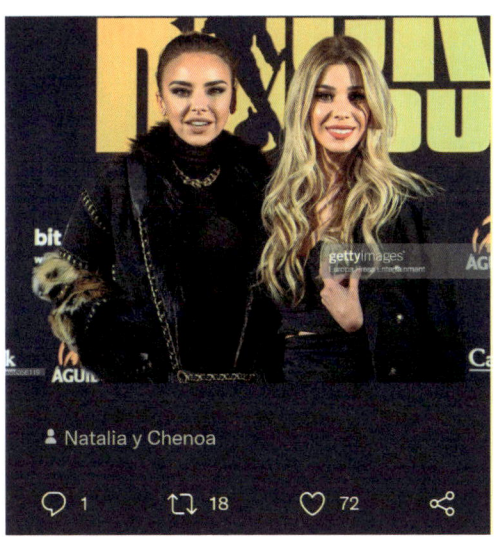

Trato de sobrevivir

Biblioteca de tomos encajados
a presión entre dos paredes
(para colmo escalonados).

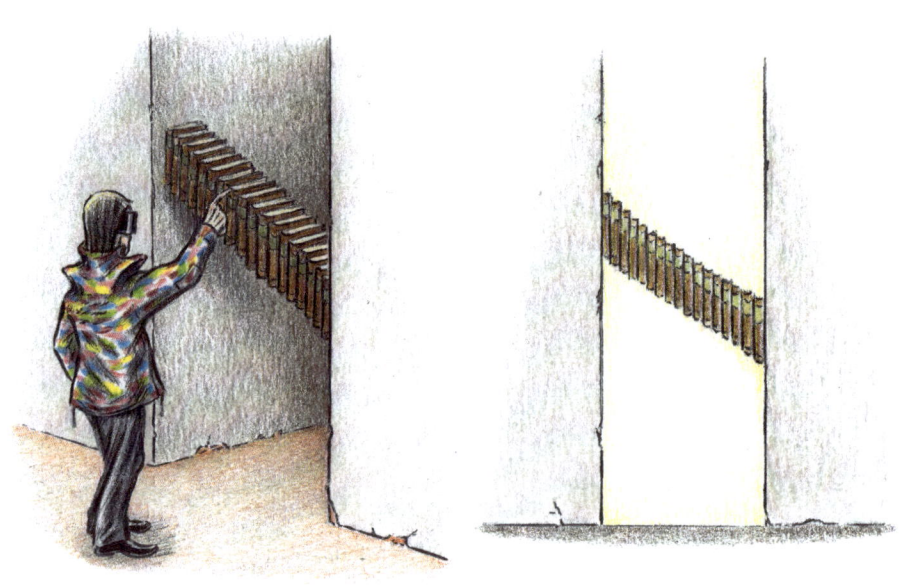

A ver, es original; pero ni
se te ocurra sacar un libro.

¡HOLA!

NÚM. 1.846 ● 26 ENERO 1990 ● 50 PTAS.

Bajo la carpa de un circo

BARBARA REY Y EL DOMADOR ANGEL CRISTO SE CASARON EN VALENCIA

(Amplio reportaje a color de nuestros enviados especiales)

¡HOLA!

NÚM. 1.846 ● 26 ENERO 1990 ● 50 PTAS.

Bajo la carpa de un circo

BARBARA REY Y EL DOMADOR ANGEL CRISTO SE CASARON EN VALENCIA

(Amplio reportaje a color de nuestros enviados especiales)

CIUDADANO AISLADO PERO APARENTEMENTE HIPERSOCIABLE

Nadie lo conoce, no tiene amigos, solo saluda
y se despide con entusiasmo de un socius difuso.

(Nadie se da por aludido).

A veces saluda
desde lejos a grandes
cúmulos de gente.

El tipo mirando durante horas su cartera abierta ¡con auriculares y todo! ¡Qué tío!

Wikipedia de Crazy Frog:

Crazy Frog usando un Disfraz
2001.

Perdona, ¿quién está usando un disfraz?
Me temo que aquí hay un redactor
que cree en fairytales. Wikipedia,
¿maduramos un poco? Gracias.

Echar pan y monedas a las palomas.

Hallado muerto en su domicilio.

Remover el café con un cigarrillo.

INCEL REBORN BABY DOLL

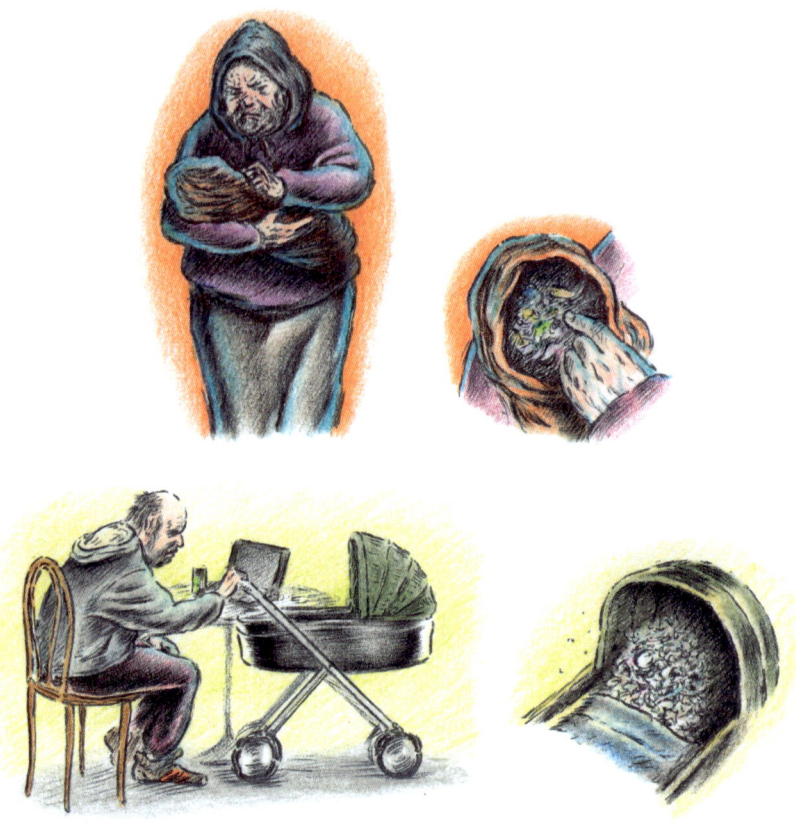

(Simplemente se trataba de basura).

Foto de móvil a la antena de un tejado [31/8/2018].

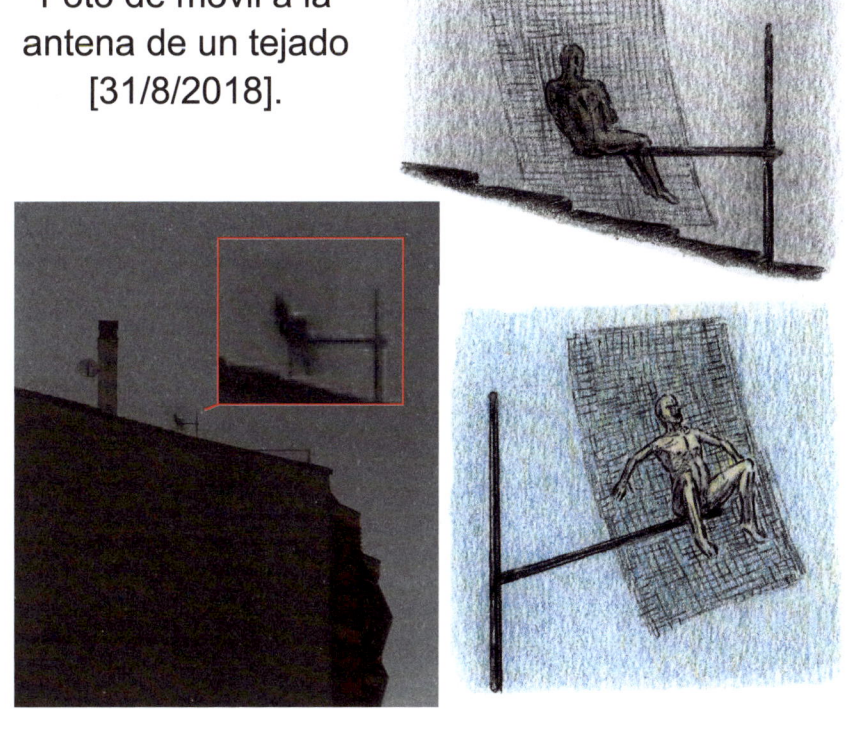

Que las galletas Tosta Rica jamás
hubieran llevado dibujos impresos y aun
así se publicitaran del mismo modo.

Décadas insistiendo en presentarte
con entusiasmo una superficie
homogénea, confrontándote una y otra
vez con un rectángulo horneado.

Cartel de la película *¡Vaya vacaciones!* fotografiado el 16/4/23.

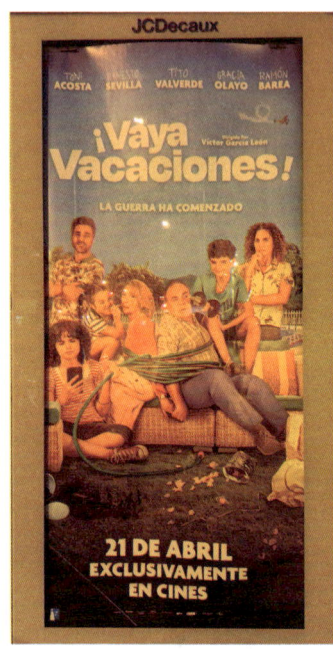

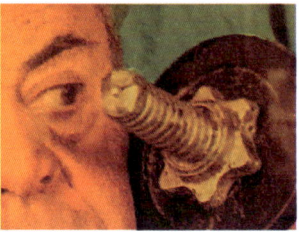

Invadir el campo visual de tu abuelo con el extremo de unas mancuernas; comprometer deliberadamente la integridad de su ojo izquierdo haciendo bascular el eje metálico a escasos centímetros de su cara como uno de los principales gags visuales del cartel de esta comedia familiar. ¿Genios o locos?

Caninos engastados en las patillas de las gafas.

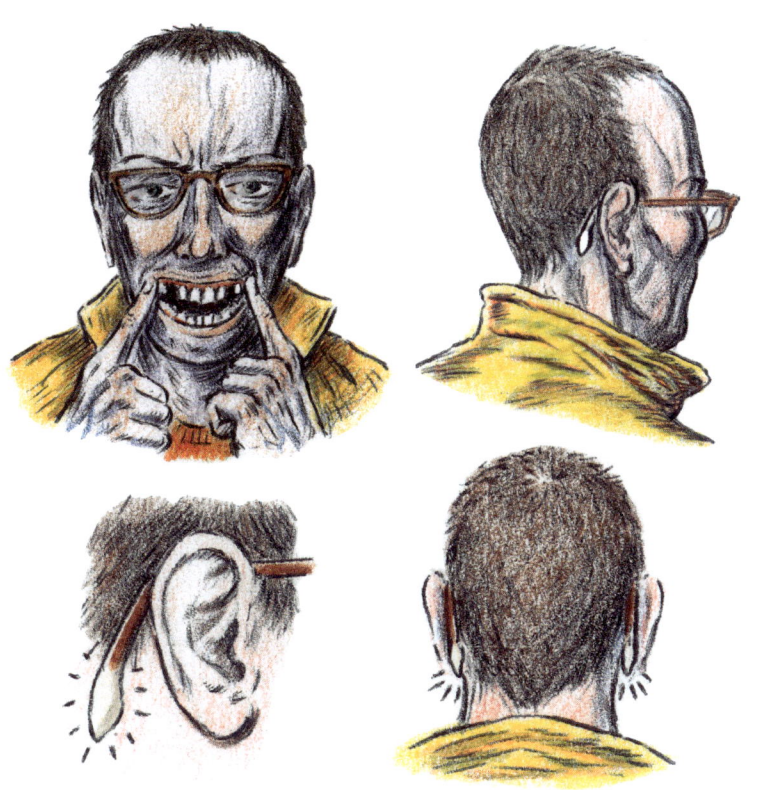

En esta cafetería, para diferenciarse de alguna manera, le echan pimienta al café. Hala, te jodes.

Lolita en *Sálvame* [15/8/21]:
«Le regalé un colgante con la cabeza de Cristo».
Entiendo que se refiere a esto:

De repente: «Le regalé un colgante
con la cabeza cercenada de Cristo».
Un colgante contra Cristo.
Un colgante del bando romano.

PIES REJILLA

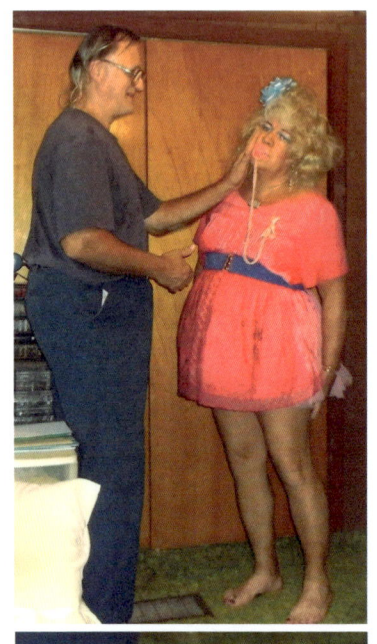

Paco Lobatón ayer y hoy [captura del 3/12/21].

Al ver fugazmente la imagen de la derecha creer por un momento que Lobatón se ha tatuado un blackout en el antebrazo:

I've been through a lot. Lobatón significando su veteranía en un paradójico código juvenil.

DELIRIO: Yo con 3 años identificando al hermano pequeño de Marx en el Metro de Barcelona. Forzando muchísimo las fechas podría darse (en realidad, ni por asomo). Marx murió en 1883 con 64 años, entonces su madre podría tener, ponle, 77 (concediendo que hubiera tenido a Marx con 13 años), por lo que si hubiera parido otro hijo a los 55 (concediendo una menopausia muy tardía), es decir en 1861, ese jambo tendría 120 años en 1981 (el Guinness está en 122). En el 81 yo tenía 3 años, podría haberlo señalado y anunciado a viva voz (ya hablaba sin problema):

Inocentada: Pedirle prestado el móvil a un amigo para «hacer una llamada». Llamar al móvil de Satanás y cuando lo coja devolverle el teléfono.

Portero se pincha heroína ininterrumpidamente.

Encabezar un email con un par de frases célebres.

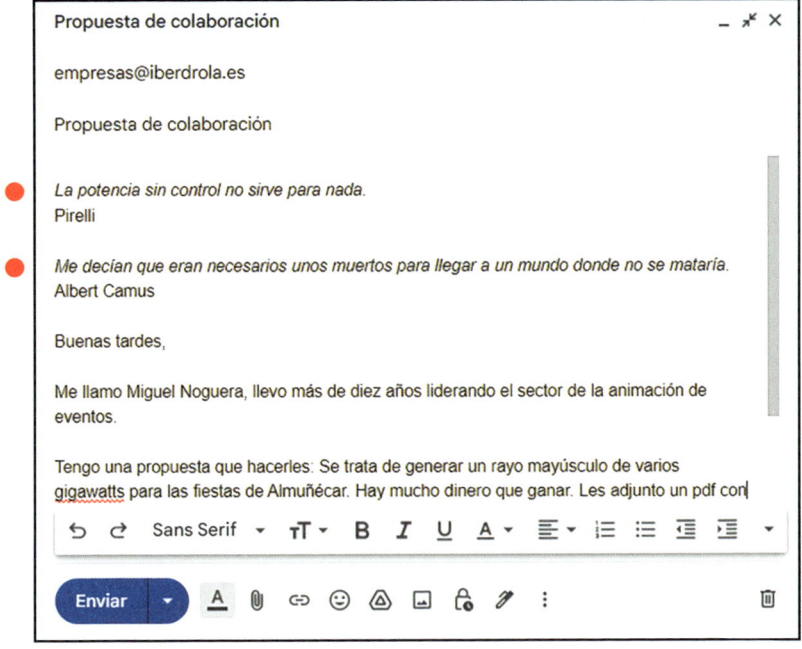

Propuesta de colaboración — ✴ ×

empresas@iberdrola.es

Propuesta de colaboración

La potencia sin control no sirve para nada.
Pirelli

Me decían que eran necesarios unos muertos para llegar a un mundo donde no se mataría.
Albert Camus

Buenas tardes,

Me llamo Miguel Noguera, llevo más de diez años liderando el sector de la animación de eventos.

Tengo una propuesta que hacerles: Se trata de generar un rayo mayúsculo de varios gigawatts para las fiestas de Almuñécar. Hay mucho dinero que ganar. Les adjunto un pdf con

↶ ↷ Sans Serif ▾ тТ ▾ B *I* U A ▾ ≡ ▾ ⋮≡ ≔ ⫷ ⫸ ▾

Enviar ▾ A 𝟬 ⊖ ☺ △ ▣ 🔒 ✎ ⋮ 🗑

Visto en la tele del Lizarrán [30/5/23].

Dejarse bigote en una parte
cualquiera del cuerpo.

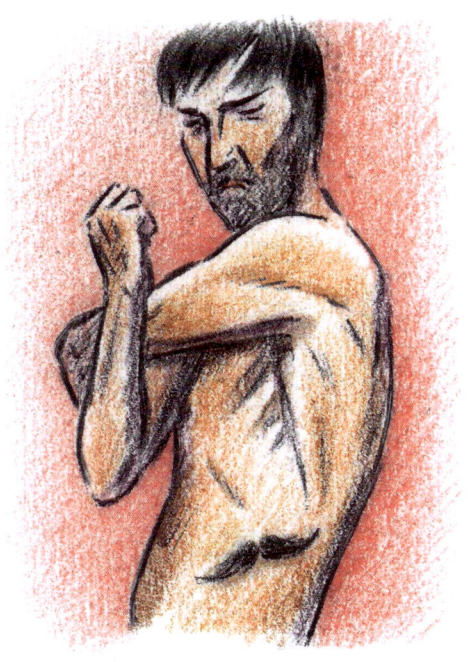

Omaíta en las Backrooms.

Foto de una salchicha cortada al sesgo vista en el rótulo exterior de la Cervecería Pronto [3-7-23] hace vislumbrar un frankfurt cuyo eje longitudinal se quiebra abruptamente en uno de los extremos.

 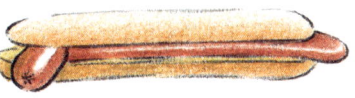

Un volantazo inesperado lo saca del pan in extremis.

Incluso salidas de pan ya a media salchicha:

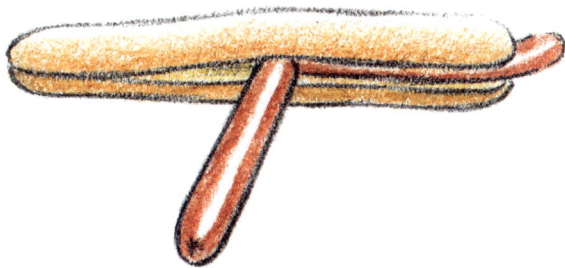

A ver, qué queréis que os diga, si la vida está hecha de pequeños momentos la antivida también.

Lo mete todo –la servilleta, las llaves,
el mechero– dentro del cruasán.

SEÑORAS Y SEÑORES, TENGO EL HONOR DE PRESENTARLES...

¡EL ESPECTÁCULO DE LA MUERTE!

LABIOS HECHOS DE LABIOS

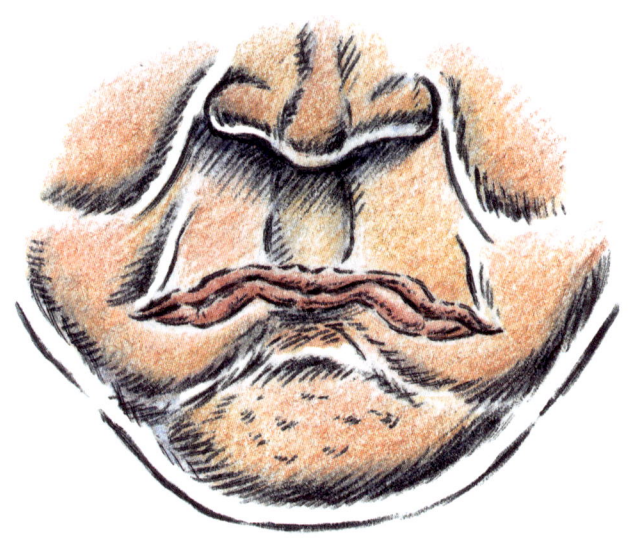

Oído en la piscina [26/6/23]:

Diferencias semánticas entre «El Cuerdas» y «El Cuerda»:
El Cuerdas evoca un personaje marcado por un pragmatismo bufo que se distingue por el uso general de cuerdas así como por la constante idealización de las mismas. El Cuerdas usa cuerdas para tratar de solucionar los problemas, aunque paradójicamente las cuerdas son la causa de todos sus problemas. En cambio, el Cuerda dibuja un criminal –un asesino, hablemos claro– que emplea una cuerda –un determinado tipo de cuerda, o directamente la misma cuerda– para acabar con la vida de sus víctimas. Un ser abyecto, un psicópata, que ha desarrollado un método de tortura y muerte basado en la cuerda, en una sola cuerda, que lógicamente ha fetichizado y forma parte de un oscuro trauma infantil.

Le hizo muchísima gracia,
pero la timidez le impidió reír.

Que la timidez sea más fulminante
que una carcajada espontánea.

Inquietante campaña de los smartphones OPPO:

No hay manera de skipear el vídeo.

NO ES TUPÉ, SINO FLEQUILLO

EFECTOS DE LA ENDOGAMIA
EN CARLOS II DE ESPAÑA
[@historyinmemes, 25/9/23].

Charles II's death at 39 in 1700 led to the War of Spanish Succession and the end of the House of Habsburgs. His autopsy report revealed a tiny heart, corroded lungs, rotten and gangrenous intestines, a single black testicle, and a head filled with fluid.

Traducir post

The Ancestry of King Charles II of Spain
(1661-1700)

Charles II of Spain
(1661-1700)

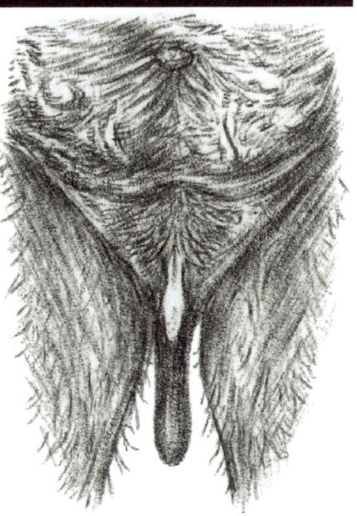

–Solo le crece barba en la nariz.
–Vale, pero entonces no lo llames barba.

Posible interpretación del labio
superior de Cristo como su lengua.

Un científico publicó una pintura de Jesús, y cambió lo que todos
creían

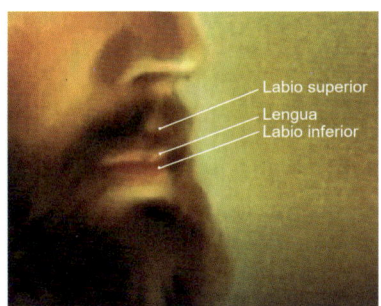

Labio superior
Lengua
Labio inferior

¡EN VEDDÁ OD DIGO!

Cristo a*Rajoy*ado.

Vena sale de la carne del párpado y pasa
ella sola, suelta, como un Metro que recorriera
un tramo exterior, sobre el globo ocular.

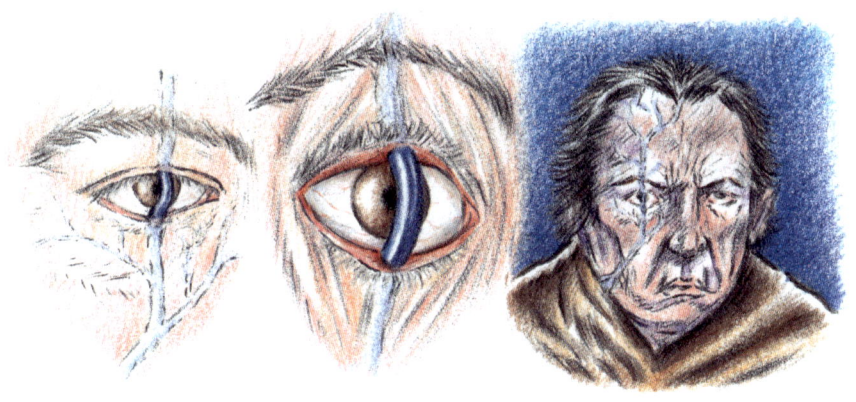

Vena sale del labio y cruza la cavidad bucal.

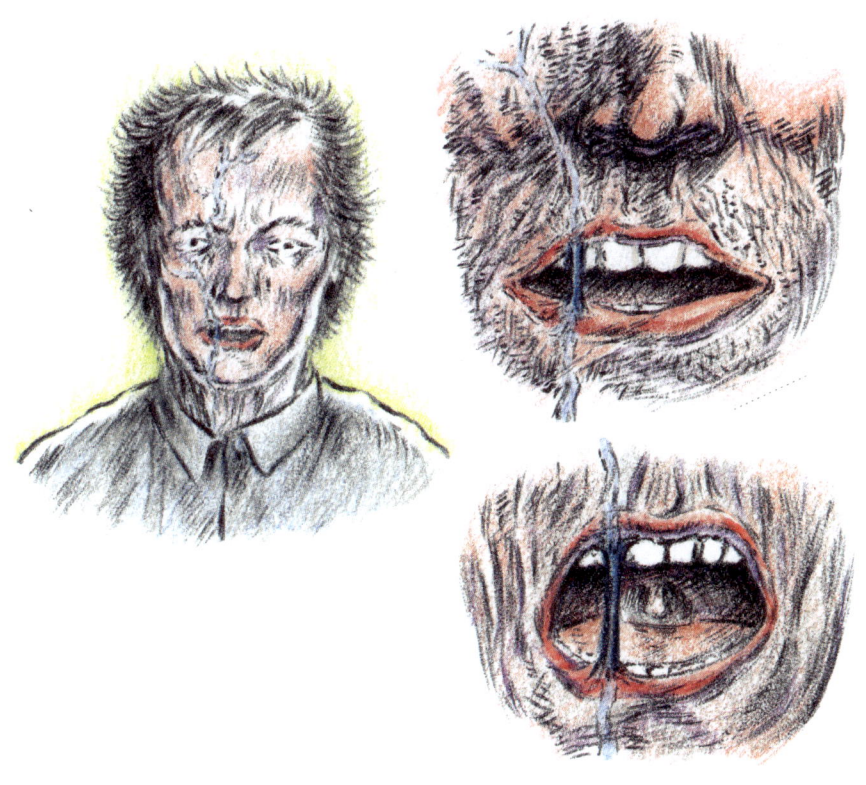

CABECITAS EN ESCUADRAS

–Y el Javi ahí meditando. Bueno, meditando...
Haciendo lo que puede.

[Oído en la calle, 28/9/23]

Captura de pantalla [Twitter, 14/4/22].
Campaña electoral de Julio Menchaca (ni idea de quién es).

Por un momento pensé que iba sin pantalones.

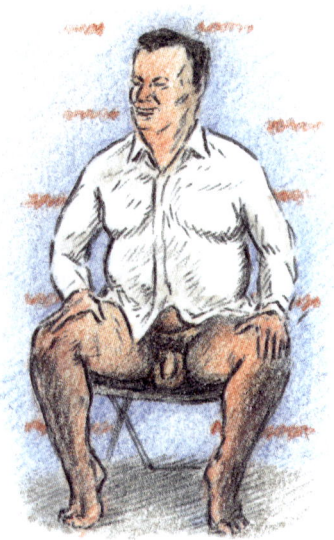

Un candidato desnudo
de cintura para abajo,
despatarrado, a punto
de salir a hablar.

De *Cien gaviotas* [de Duncan Dhu, 1986]:

Hoy podrás beber y lamentar
Que ya no volverán
Sus alas a volar
Cien gaviotas, ¿dónde irán?

Tres variaciones numéricas (métricamente compatibles) y sus correspondientes sentidos:

Diez gaviotas, ¿dónde irán?:
GRUPO DE ÉLITE. SE TRAEN ALGO ENTRE GARRAS. VAN A HACER DAÑO.

Mil gaviotas, ¿dónde irán?:
PARTE NADA DESDEÑABLE DEL TOTAL DE LAS GAVIOTAS DONOSTIARRAS. PREOCUPACIÓN ECOLOGISTA.

Tres gaviotas, ¿dónde irán?:
GRUPO DE AVES AMIGAS, SE PREGUNTA DÓNDE VAN A PASAR EL DÍA.

Vislumbre en *Vamos a ver* [Telecinco, 18/12/23].

Pero ¿qué necromancia es esta?

El eufemismo metido con calzador.

Folleto de la tienda My Phone Spain de la calle Santa María de la Cabeza [Madrid, 21/12/18]

Efecto de tridimensionalidad del labio del león, que parece fusionarse con el marco de la tele e incluso rebasarlo.

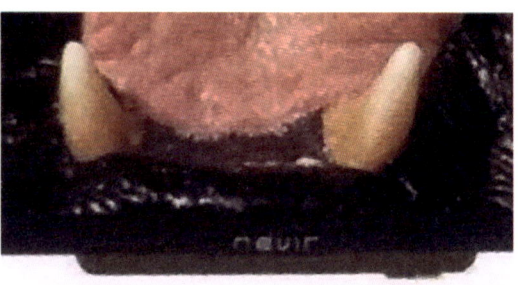

Pastillote embetunado.
Parece que Nevir sea la marca del labio, no de la tele.

Le potaron la cabeza
desde el interior de un comercio.

Entreoído en el Lizarrán:

Os juro que le entendí Google Lines.
Como si Google hubiera lanzado un apartado
de búsqueda de líneas (???) y este señor
lo reivindicara sin venir a cuento.

Mujer lee Telecinco en voz alta.

[Lizarrán, 18/12/23]

SENTENCIAS EXTRAÍDAS DEL DIÁLOGO ENTRE EL DANDI DE LES CORTS Y SU AMIGO DE OCHENTA Y CINCO AÑOS.

[Barcelona. Lizarrán. 17/5/18]

El Dandi, sobre los viejos que acuden a los bailes que él mismo frecuenta: «¡Meten una olor a meao!»; «No se aguantan la meera»; «No se cambian los Dodotis». A propósito del mal olor, el Dandi cuenta que entró en el baile y: «¡Buah!, un olor a tigre, ¿sabes lo que es "olor a tigre"?». Y el otro, entusiasmado: «¡Sí!». Y el Dandi: «¡Pues un olor a tigre!»; «Di una vuelta, le di el papelito de la consumición a uno y me marché»; «Había uno que llevaba pantalones color... color de...». Y el otro remata exaltado: ¡DE NADA!», como despreciando el color del pantalón hasta el punto de negarle la existencia; como si el pantalón de aquel viejo fuese tan horroroso que no cumpliese ni las condiciones de posibilidad para tener un color (finalmente era un pantalón burdeos con el que el viejo acudía al baile día sí día también).

Entonces se da cuenta
de que YA TIENE BARBA,
grita noooooo y se suicida.

Ante:

**«CAFÉ Y CIGARRO,
MUÑECO DE BARRO».**

Propongo:

«CAFÉ, MUÑECO DE BARRO».

Y, hala, a correr. Fuera métrica,
fuera rima, fuera tesis. Pura causa y efecto.
Mecanismo sordo sin lustre ni moraleja.

La Muerte con una hoz.

[19/8/13]

Detalle de un rótulo del Santagloria del aeropuerto de Alicante [11/2/24].

Por un momento pensé que estaban proponiendo un cruasán de *servilleta*.

EL PAÑUELO DEL LOCO OBSESIVO

Se pasa el día preguntando por las cafeterías:

Le encanta definir el pañuelo, hablar de él.
La mejor pregunta: *¿Cómo es?*
En un establecimiento le entregan un pañuelo
perdido (coincidencia). Mira con asco al camarero
y al pañuelo y se marcha (sin el pañuelo).

Ayer, buscando imágenes de la fosa supraclavicular, apareció este delicado momento *El flautista de Radiohead*.

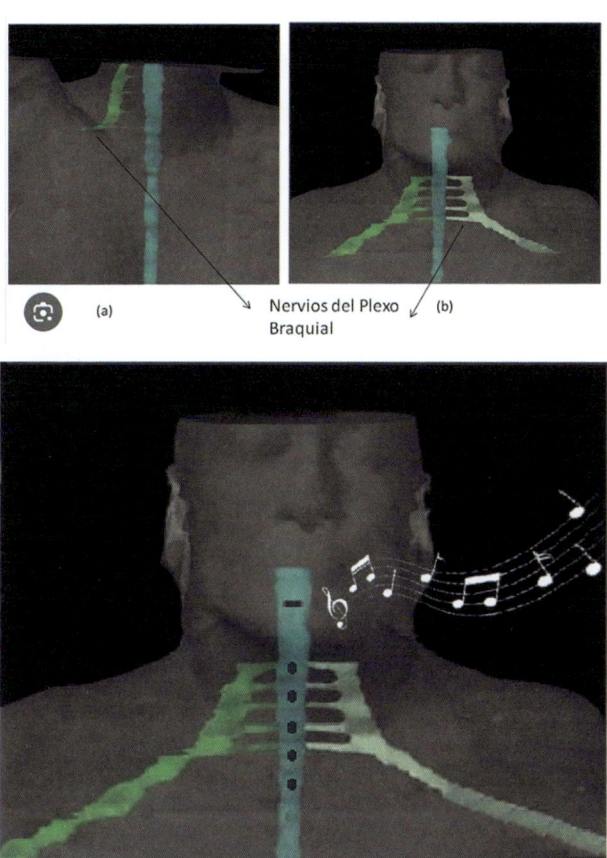

Nervios del Plexo Braquial

Magacín de tarde: «Acaban de comunicarnos el fallecimiento de Julio Iglesias. Desde este programa queremos rendirle homenaje; Sabby, nuestro *hombre de las mil caras*, ha improvisado una imitación. ¡Va por ti, Julio!». (Aplausos)

Sale Sabby cantando *Me Va, Me Va* con la mano pegada al vientre. Es una mala imitación. Incluso saca un pañuelo y se pone a llorar exageradamente como un payaso, como si de repente a Julio Iglesias le hubiera entristecido su propia muerte. (Aplausos)

MY
FIRST BAG

MY
LAST BAG

The Polar Express y La Tagliatella comparten universo.

Cozy Backrooms. Ambas proponen una estética basada en la *calidez ortogonal* insulsa y carente de centro. Siniestra cuadrícula pseudonavideña expandible *in aeternum*.

EL TOLDO DEL BAR INSTALADO POR ENCIMA DEL PRIMER PISO.

SANTIFICAR A UN ARCÁNGEL

—OYE, BARACHIEL, TE OTORGAMOS
SANTIDAD. A PARTIR DE AHORA
SERÁS ARCÁNGEL SAN BARACHIEL.

—VALE, JEJE, NO OS LO VOY A RECHAZAR.
ESTAS COSAS NUNCA ESTÁN DE MÁS.
PERO BUENO, UN POCO MEH, ¿SABÉIS?
ESTA DISTINCIÓN NO ME ELEVA, QUICIR,
LA SANTIDAD YA ME QUEDABA POR
DEBAJO, NO SÉ SI ME EXPLICO.

—TE EXPLICAS PERFECTAMENTE,
INSOLENTE DESAGRADECIDO.

—¡RESPETA!

FIN

Tal cantante olvidado «vuelve»
con la cara trasplantada de una niña.

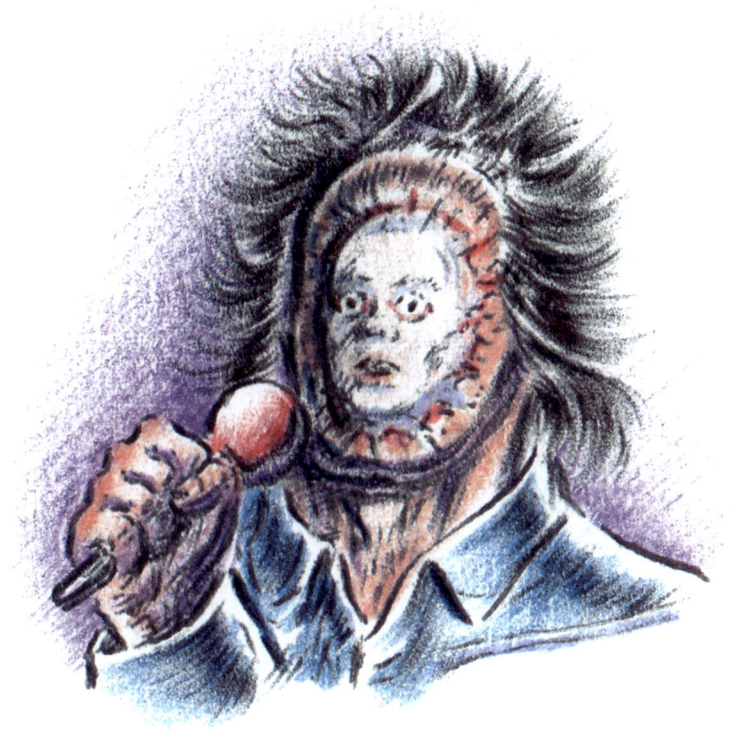

Llamar a un perro «Don instalaciones».

EL ESTUPOR CÍVICO DE
LAS ESCUCHAS DE JOAQUÍN PRAT.

MANUEL GALISTEO Portavoz Sindicato Tu abandono me puede matar

UN PRESO ATACA CON UN PINCHO A UN FUNCIONARIO

13:00

Prat escucha el relato de cómo un preso intentó pinchar
la cabeza de su carcelero [*Vamos A Ver*, Telecinco, 2/5/24]

Escucha consternado, frunciendo de asco los
ojos, la mirada corroída de incredulidad, con
tal fijeza que parece ausente. El rostro de Prat,
rompeolas del Mal y la Indecencia del mundo.

Dos cuestiones surgidas a raíz del Daily Beast de ayer:

EL *ESTUPOR CÍVICO* DE LAS ESCUCHAS DE JOAQUÍN PRAT

Prat escucha el relato de cómo un preso intentó pinchar la cabeza de su carcelero (*Vamos A Ver*, Telecinco, 2/5/24)

Escucha consternado, frunciendo de asco los ojos, la mirada corroída de incredulidad, con tal fijeza que parece ausente. El rostro de Prat, rompeolas del Mal y la Indecencia del mundo

The Daily Beast #610

Prat escucha el relato de cómo un preso intentó pinchar la cabeza de su carcelero (*Vamos A Ver*, Telecinco, 2/5/24)

1- Diferencias entre «pinchar la cabeza» y «pinchar en la cabeza»; son sutiles, pero existen: «pinchar la cabeza» sugiere un pinchar la cabeza entera, comprometer la totalidad del globo cefálico –«pinchar la cabeza» como quien pincha una oliva–; mientras que «pinchar en la cabeza» evoca el pinchazo de alcance localizado, más bien picadura o punción.

2- Pensar que las imágenes de internet se deterioraran con el paso del tiempo como el celuloide o la cinta magnética; que el Daily de ayer luciera así de cascado.

Cuestión surgida a partir del Daily Beast de ayer:

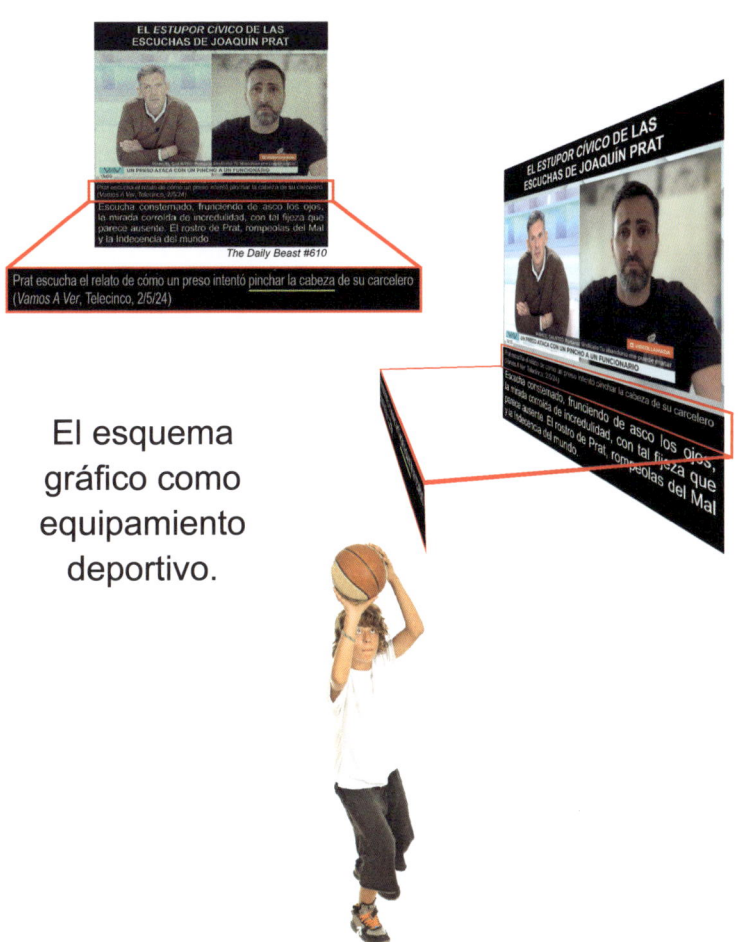

El esquema gráfico como equipamiento deportivo.

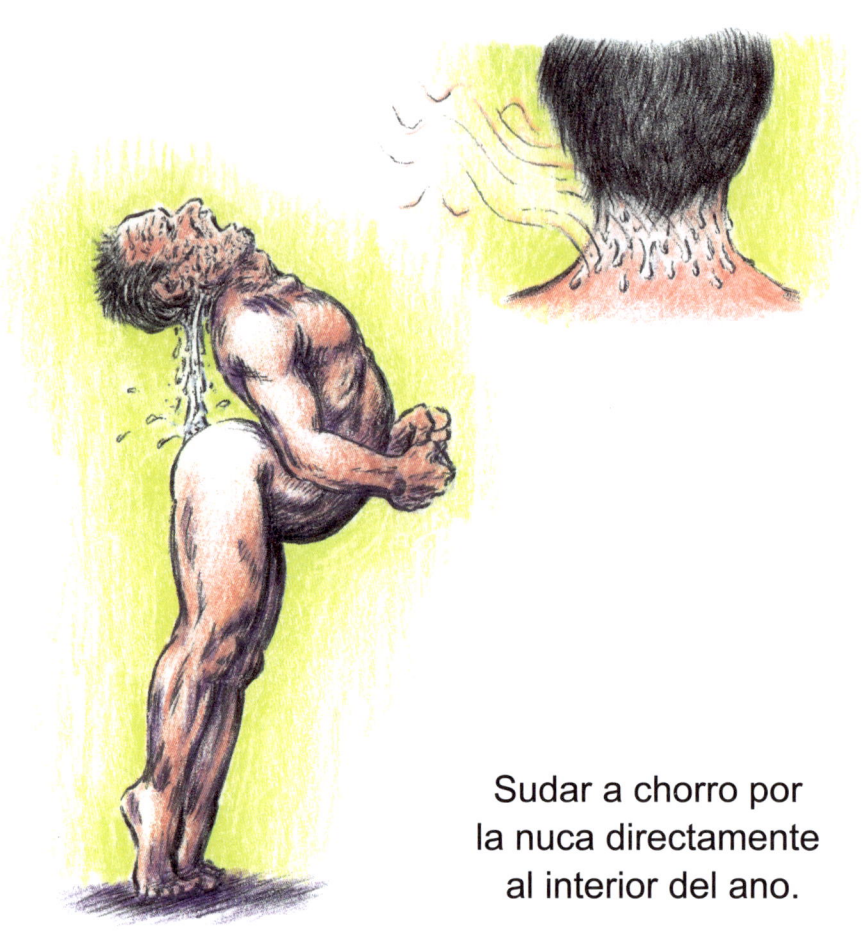

Sudar a chorro por
la nuca directamente
al interior del ano.

Amputación del brazo
mediante pastillas.

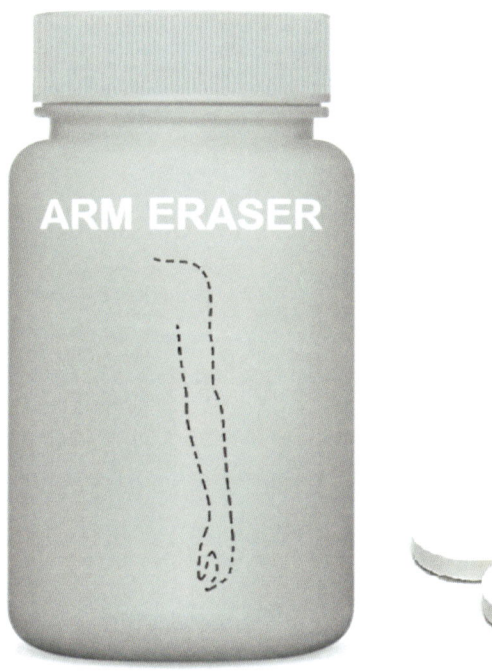

ARM ERASER

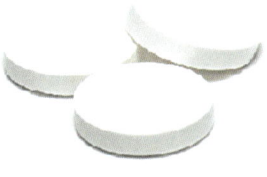

El futuro: Gente con la cabeza clonada
y pegada al rostro. Something went wrong.
Distopía rara de ensimismamiento.

Dos malagueños en el finger de acceso
al vuelo Málaga-Barcelona [11/7/21]:
«En Polonia me la perdieron. "Tienes que
reclamar". ¡No veas! Una hora y pico, todo
el mundo mirándonos con una cara...
¡O dos!». *Horas*, supongo que quiso decir.

**TODO EL MUNDO NOS MIRABA
CON UNA CARA... ¡O DOS!**

Entreoído en el Lizarrán [2/12/21].

«Realmente, ¿qué son dos personas? ¿Tres? ¿Cuatro?»
(personas)

Preguntarse si dos personas son en realidad tres, o cuatro, personas; si A es en realidad B, o C.

Tenéis razón, no hay por dónde cogerlo, ¡es un disparate!

Seguimos.

M.N.

Una y otra vez compra todas las barras y las tira en la papelera de enfrente de la panadería. Se niegan a atenderle. Les denuncia. Gana el juicio y sigue comprando. Reservan el derecho de admisión y le prohíben la entrada. Paga a gente para que le compre el pan y después lo tira a la papelera.

Haciendo jogging por la Diagonal tropezó con una rata quedando ambos desmayados por la colisión. La rata despertó antes y, exhausta del blackout, repuso fuerzas comiéndole las mejillas.

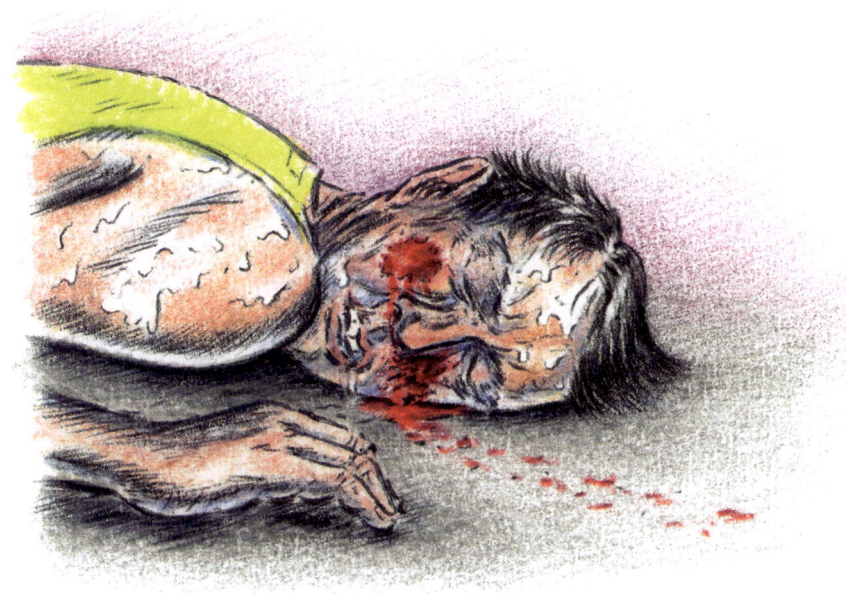

«PREOCUPÓ»

Luis Miguel, completamente enajenado, canta mirando
fijamente a un punto en el vacío durante todo el concierto.

Su propio perro suele atacarlo en la terraza.

ORTEGA CANO VISITA EL PROGRAMA DE ANA ROSA EL 10 DE
OCTUBRE DE 2022 Y LEE UN ESCRITO QUE TRAE CONSIGO.

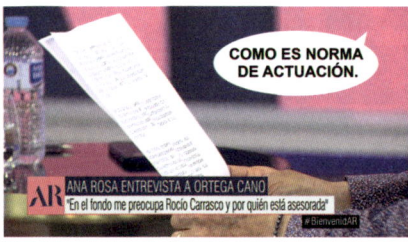

por el prepucio me meto un bebé desollado y sodomizo los restos óseos de tus antepasados desbordo de lefa las oscuras cuencas de la calavera de tu yaya pestilente montón de heces acuosas inyecto la pus de mil bubones bajo las uñas de tus seres queridos te lamino el ano con un vidrio meado y escupo las lonchas en los ojos abiertos de tu padre

PENSAR QUE EL TÍO DISOCIA LO QUE DICE DE LAS
SALVAJADAS SADEANAS QUE LLEVA ESCRITAS EN EL PAPEL
Y QUE SIEMPRE HA LEÍDO DE ESE MODO: IMPROVISANDO
LISONJAS A PARTIR DE UN MAR DE ATROCIDADES.

Alfabeto de caracteres unidimensionales

a:_   e:__   i:__   ll:___

b:_   f:__   j:__   m:___

c:_   g:___   k:___   n:___

d:_   h:___   l:___   ...

Se distinguen sutilmente por la longitud.

———————————————————— ——————— ——
—————— ———— —————— —————— —
——— —— —————— —————— ————
—— — ——— —————— —— ——
——— ——————— ———— ————
— —— ——— ——— ———— ————

(La lectura es jodida).

—¿Te acuerdas del viejo que pillaste meando en el lavamanos del Caffè di Roma?

—Claro, ¡seguro que aún anda meando lavamanos!

—¡Qué dices! Ese pavo está más muerto que el Concilio de Nicea.

—Que no, ¡te digo que nos entierra a todos!

—Mira, si hoy fueras a tirarte de un quinto piso y te dijeran «allá abajo está el que se meaba en el lavamanos para cogerte» no te tirarías, ¿verdad?

—¡Claro que no!

—¡Porque crees que no habría nadie! Lo llamo «la hipótesis del quinto piso». Es el mejor truco para saber si alguien cree o no que otra persona está viva.

Ø

Inversión del meme: Se adentran en la nueva experiencia como vitalistas sádicos que aterrorizan a los despojos cobardes que serán tras haberla vivido. En cierto modo, *entran más experimentados de lo que saldrán*. La vivencia les supone una sustracción de vida.

Gugleo la leyenda de la camiseta para ver de dónde es y resulta que ¡sale el mismo tipo llevándola! ¡Internet se ha pasado internet! ¡Bienvenidos a Habbo Hotel!

Vuelo Barcelona-Mallorca [31/7/24]

Pensar que está llevando una camillita.

[Visto en el grupo de WhatsApp «Txomin»].

Le agarraron la cabeza en la radio cristiana y le transfirieron, frente contra frente, un montón de gigas sobre conciertos de Bruce Springsteen en España.

La oleada de SMS fraudulentos que fingían provenir
del hijo de la víctima reportando un contratiempo técnico:

> Hola papa mi telefono esta roto Tengo un
> numero temporal. No puedo llamar Puedes
> enviar un mensaje de WhatsApp a traves
> de WhatsApp? Numero: wa.me/
> +34631627479

Pensar en el anciano padre aleccionado por sus hijos para
desatender cualquier comunicación otra que la estrictamente
presencial que, de pronto, ha de ser sometido a un reentrenamiento
de emergencia ante el advenimiento de réplicas de carne de seres
queridos animados con IA:

«Aunque te trate con cariño y te cuide puedo no ser yo».

«Aunque te trate con cariño y te cuide durante el resto de tu vida
puedo no ser yo».

Incluso llegan a revocar la alarma:

«Mira, papá, da igual quién sea realmente el "hijo" que tienes delante.
Soy indistinguible de ellos. También han hecho copias tuyas, papá.
Hay copias siendo timadas por otras copias. Se ha roto la baraja,
papá. Quizá ambos seamos copias, quién sabe. Ya nada importa.
El fraude ha trascendido y solo hay copias y amor».

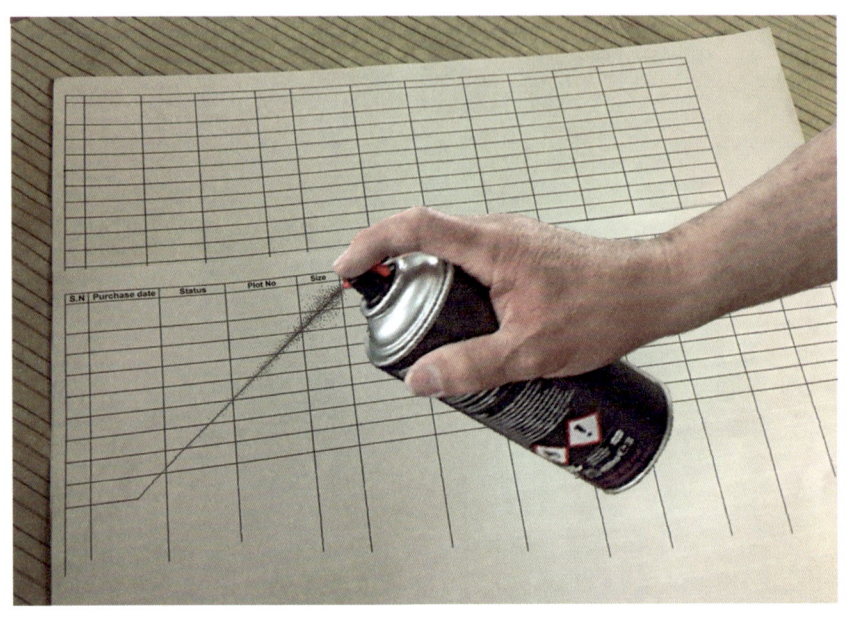

Trazar retículas rectangulares
con un espray cuyo haz de partículas
se concentra en vez de dispersarse.

Coger la chistorra y morder el pincho.

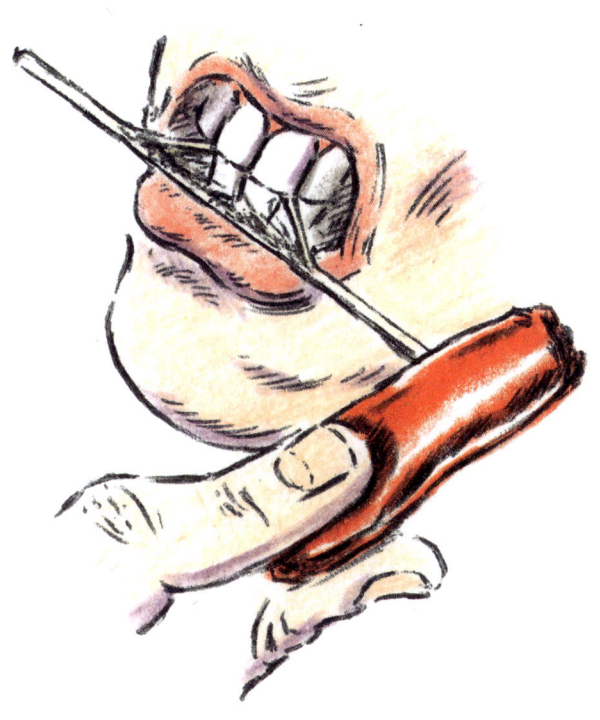

Frasaza [19/8/18]:

«Noto que la batería del Mac
***se me acaba antes que antes»**.

Por si hay alguna duda: La batería
se me agota más rápido que
en épocas anteriores, ¿ok?
(No sé ni para qué aclaro
la frase, la verdad).

Correcta, concisa, bella,
it makes you think; en fin,
una gozada. ¡Seguimos!

Tipo aborda
a los transeúntes
con los que se cruza
y les pregunta:

Si no contestan
o contestan que no,
se marcha sin decir
nada. Si contestan
que sí, les grita:

¿ES USTED
UN PORO?

¡PUES
SUDE!

A veces, hombres
violentos le dan
largas palizas.

Verle el parche a Juanes y pensar que la marca
Agybo es solo eso: El logotipo de la marca impreso
en una superficie cuya extensión es la del logotipo
y cuya única función es servir de soporte físico
del logotipo. Vamos, que Agybo es la marca de
los rótulos, parches, pegatinas, pósters, láminas
y demás superficies puras acotadas al logotipo
de Agybo. Nada de ropa, tazas, mecheros,
bolígrafos, toallas o cualesquiera otros objetos
útiles. Solo superficies autorreferentes. Agybo
es la marca de su propia representación física.
Juanes y Fonseca: Locos subnormales.

Prioridades.

Pretende usar el excremento a modo
de escalón para subir el bordillo.

EN LA CAFETERÍA:

–¿Cubiertos tiene?

–Tome.

–Hm. Pero una cuchara. En realidad quiero una cuchara.

–¡Pues haberla pedido directamente, buen hombre!

–Tiene razón. Disculpe.

Viendo *Hellraiser: Judgement* [2018].
Los investigadores encuentran unos periódicos
en la guarida del asesino en serie (apodado
The Preceptor). Pensar que son *periódicos
del futuro* que reportan asesinatos
que aún no se han cometido.

Periódicos paranormales que en unos
días dejarán de serlo y se mimetizarán con
los periódicos de los que son anticipo
sobrenatural. La desembocadura del
riachuelo mágico en el mar de lo cotidiano.

Mojar la barra de pan en el ristretto.

[10/7/24] En el 365. Vieja con gorra pone tiktoks con el audio on y mira hacia fuera como captando adeptos, como diciendo «esto es buena mierda», «estoy emitiendo cosas interesantes», «te traigo los mejores tiktoks».

Toca el claxon aunque os hayáis despedido
con la mano. ¿Qué pitas, subnormal?

Con un puto enchufe de pared.

The Crimes Of The Black Cat

El gato quiere tener todos sus crímenes
editados en el mismo formato.

Un desconocido interceptó a nuestra abuela en la calle y le vació un espray insecticida en la cara. Cinco minutos de reloj estuvo.

Escape room de Goya.
Ambiguo homenaje al pintor.
Su imaginario nos es presentado
como una cárcel pesadillesca
de la que debemos escapar.

Futuro raro. Preguntarle al taxista por la propia biografía. Los datos básicos del individuo los atesora el entorno.

Para hacerse más llevadero el viaje en coche a Almería se imagina que está yendo en coche a Almería.

Inauguración de la tienda de informática.

Abren con una trola gorda.

Ser hecho de perros
que se llama Margot
habla por teléfono.

Ser hecho de perros
que se llaman Margot
habla por teléfono.

Miguel Noguera ha sido incinerado esta mañana en Barcelona

El humorista estaba sano y atravesaba un buen momento

Incinerar gente viva arbitrariamente.

Futuro neo-noir. Móvil aparatoso, metálico y sin teclas. La pantalla siempre apagada. Solo absorbe información y jamás la devuelve.

Llevar la gorra anclada
al bañador y ponérsela
tal cual, sin soltarla.

Viejo hace vasectomías en una calita.

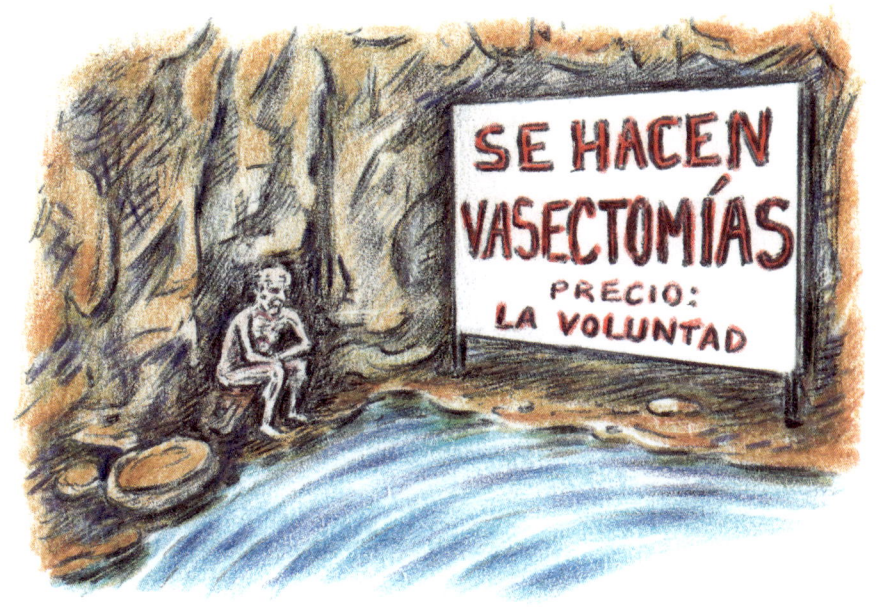

Falso sueño: El de Hellraiser enjaulado y obligado a dirigir una orquesta a perpetuidad.

(¿Y esta peña?)

* Dibujadla vosotros, la puta orquesta.

Son unas serpientes gráficas que hago:

Primero, una línea gruesa quebrada; después, una línea *tenue* –fundamental– que la resigue como un eco.

Dos líneas iguales –tenues o gruesas– no darían *mis* serpientes:

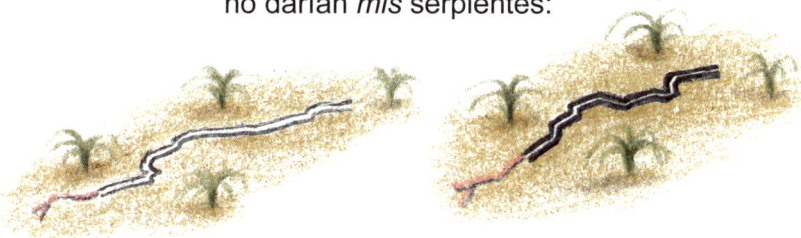

Rata decide desplazarse por encima de los arbustos en vez de por el suelo.

Frase soñada:
«Obligados a hacer una revista cónica».

Paseo nocturno [27/8/23]. Confundir el cigarro
con el borde iluminado del hombro.

LA CARA ARRANCADA

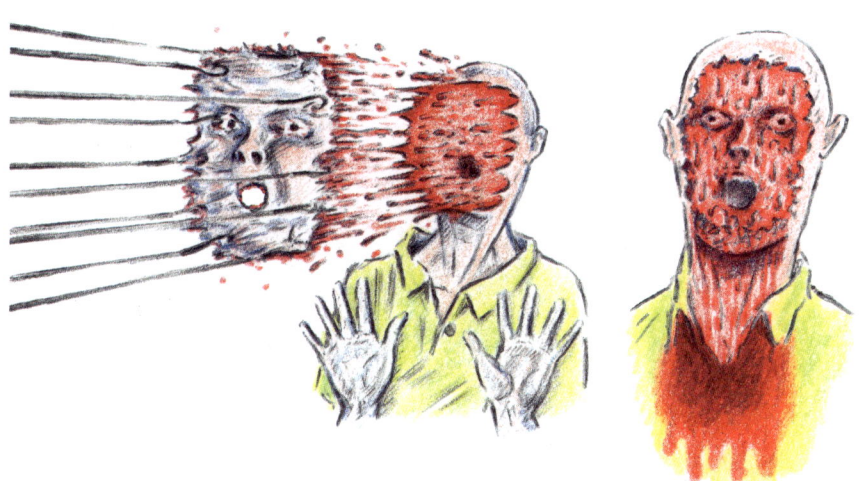

Le arrancan la cara y, tras el trauma
del desgaje, en el lugar que ocupaba
la cara aparece *la cara arrancada como
entidad positiva*, no como ausencia de
cara sino como cara de lo arrancado;
una segunda cara completa, no faltante,
hecha de carne viva desgarrada.

La sombra de la nariz sobre el dedo
índice opera un efecto de torsión.

[Detalle de un anuncio de DAZN visto en un mupi. Barcelona, 9/8/22]

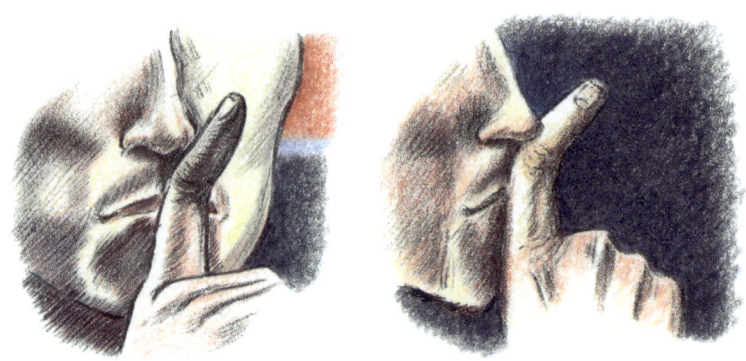

Pipa hecha de ceniza.
Hay que ir con un
cuidado de la hostia.

(En su interior arden los
trozos de una pipa, ojo).

¿Qué onda el anuncio de Ferrero Rocher '91
con la pirámide de bombones roma y asimétrica?

La pirámide debuta así de colapsada. ¿Me explicas?

¡Qué vergüenza, nene! El cónsul titubea, ¿eh?

¿Sabías que a partir de 2003 la famosa pirámide de bombones Ferrero Rocher pasó a ser un plano triangular?

la expresión del buen gusto

«Sobre todo no te gires[1], Ambrosio. *Keep it 2D!*».

[1]«Sobre todo que no se te vaya la flapa y me estrangules, Ambrosio».

Incluso hubo un año en que la pirámide
de Ferrero Rocher del anuncio no solo
era un triángulo plano sino que, para colmo,
los bombones eran semiesféricos.

–En realidad tienes que hacer el mismo
equilibrio con bombones enteros que con
mitades. Es lo mismo, Ambrosio.
–Los cojones va a ser lo mismo, señora.
–¡No, mire, mijo, respete!

Radio Clásica de fragmentos de palabras.

Un día habrá que abrir el melón de
los planos picados y la inclinación de los
bocadillos de texto, porque vaya tela (???).

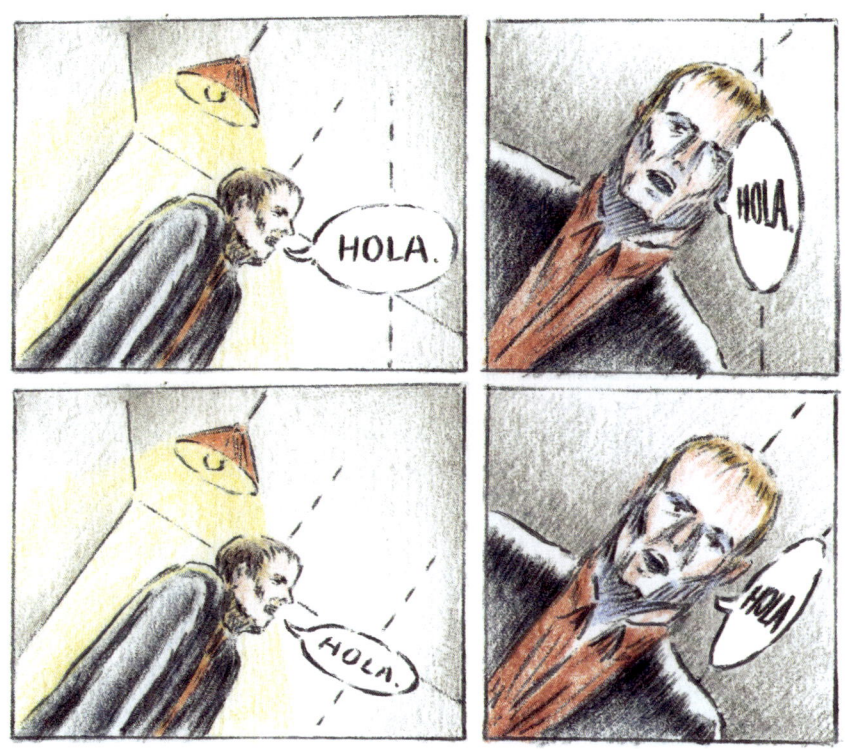

El mandato de no taparse.

Grupo de cuatro personas lleva años reuniéndose y en cada reunión se pasa lista no irónicamente.

Cortado da la
voltereta sin
derramarse.

El anhelo de ser hervido y usado como esqueleto de muestra en clases de anatomía.

Mear solapado con un fantasma.

Figura belenística [Barcelona, 17/12/23]

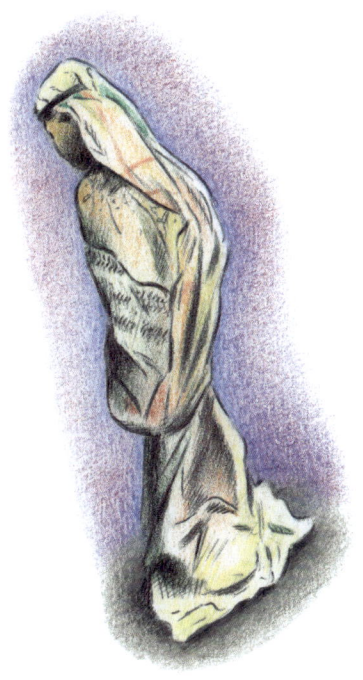

Duermevela en avión Barcelona-Ibiza [26/11/24]:

Para decepción de los turistas, las pirámides de Egipto resultan ser un fraude bidimensional hecho con palos de polo gigantes.

El reloj cosido a la chaqueta.

Metro de Barcelona [10/12/24]

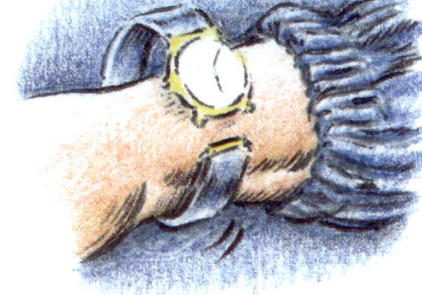

De repente pezones
altos y al centro.

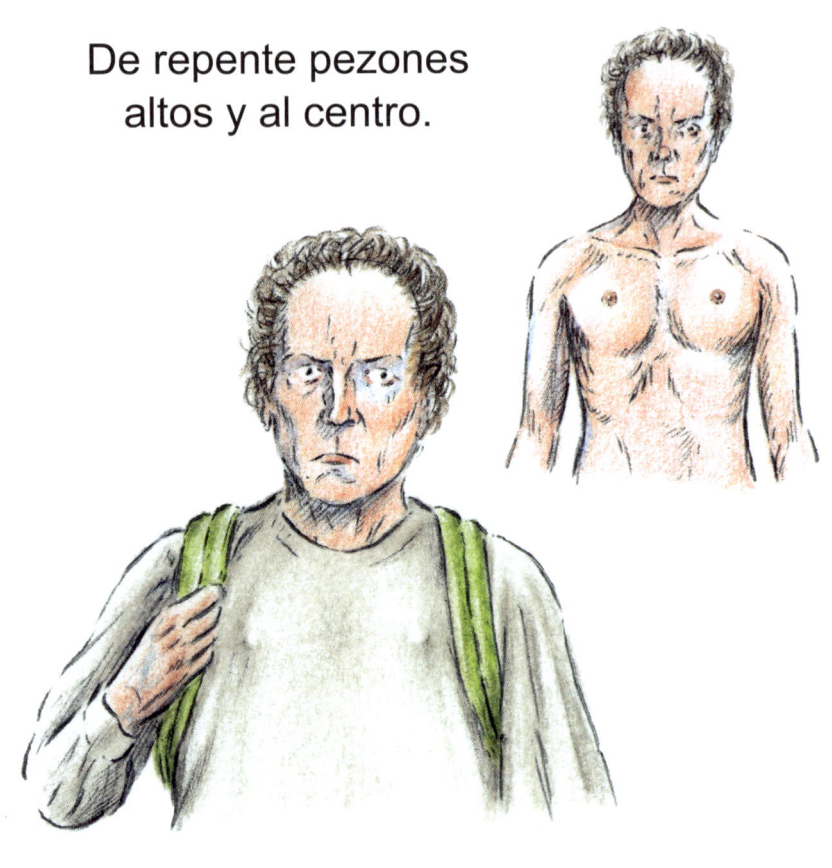

Vello de las piernas larguísimo y vaporoso forma una nube desmesurada que, sin embargo, no oscurece el tono de la piel.

Se lo deja olvidado.

SEMANA

www.semana.es

3 DE AGOSTO DE 2022 NÚM. 4.104 · 3,20 € CANARIAS 3,35 €

EXCLUSIVA
VICTORIA FEDERICA
Enamorada de un joven empresario de Barcelona

EXCLUSIVA
ALMUDENA CID
Olvida a Christian Gálvez junto a un exfutbolista

PRINCESA LEONOR
Tras los pasos de la Reina Letizia

ENTREVISTA
MARÍA LO. GANADORA DE MASTERCHEF
"Mi padre luchó por esperarme"

Bolsillito bocabajo
en la chepa de las
camisetas UV
de Decathlon.

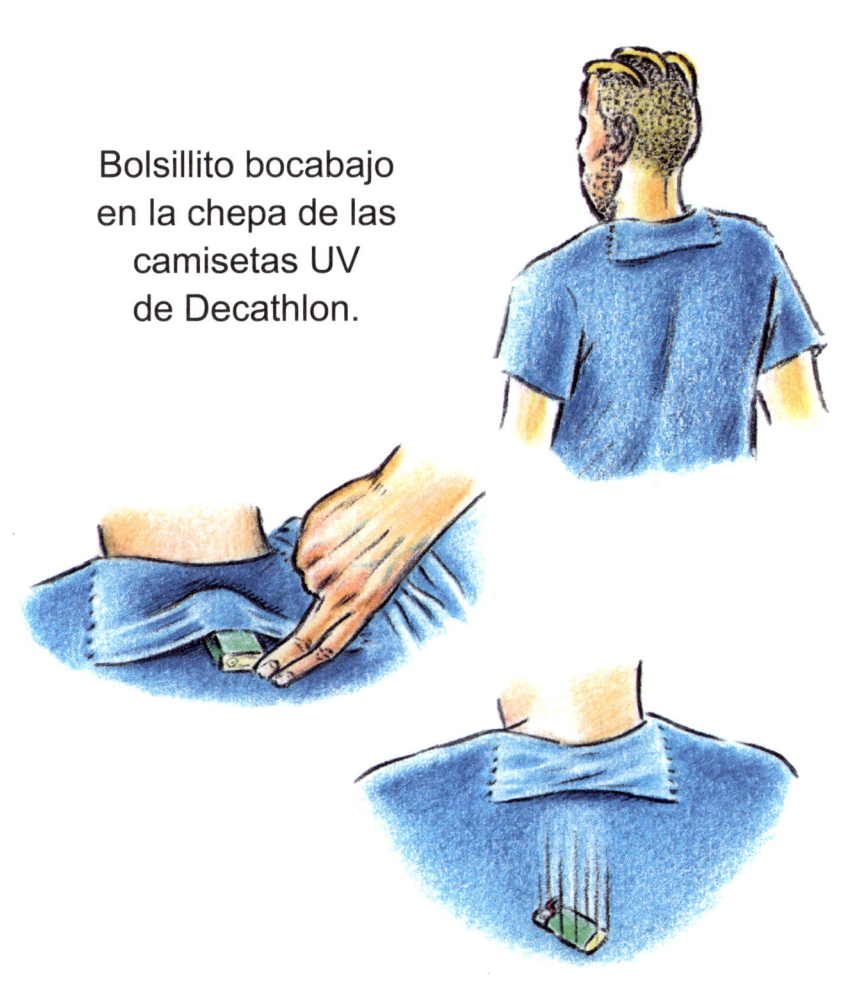

Plaga de mosquitos hipnotizadores.

(Olvida actualizar la postura encubridora «abrigo doblado sobre el antebrazo por delante del cuerpo» y el arma sigue apuntando a un lado).

Qué fuerte lo del punto lagrimal, que me
enteré el otro día, ¡realmente está ahí!
Toda la vida sin darme cuenta de que
tenemos instalado un desagüe visible,
un puerto minijack, en el párpado.

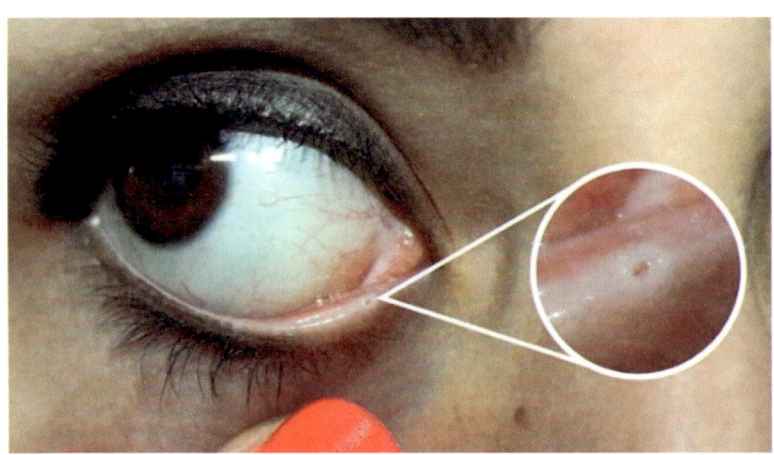

Aprovechar para barrer.

Creo que Restaurante A Priori es, dentro de lo inconcebible, más radicalmente inconcebible que Restaurante A Posteriori (que evoca refección tras el trabajo, o incluso sobremesa; mientras que Restaurante A Priori solo trae ecos filosóficos arbitrarios y de expectativas que se truncan).

Potada herbácea canina con forma de gorrión.

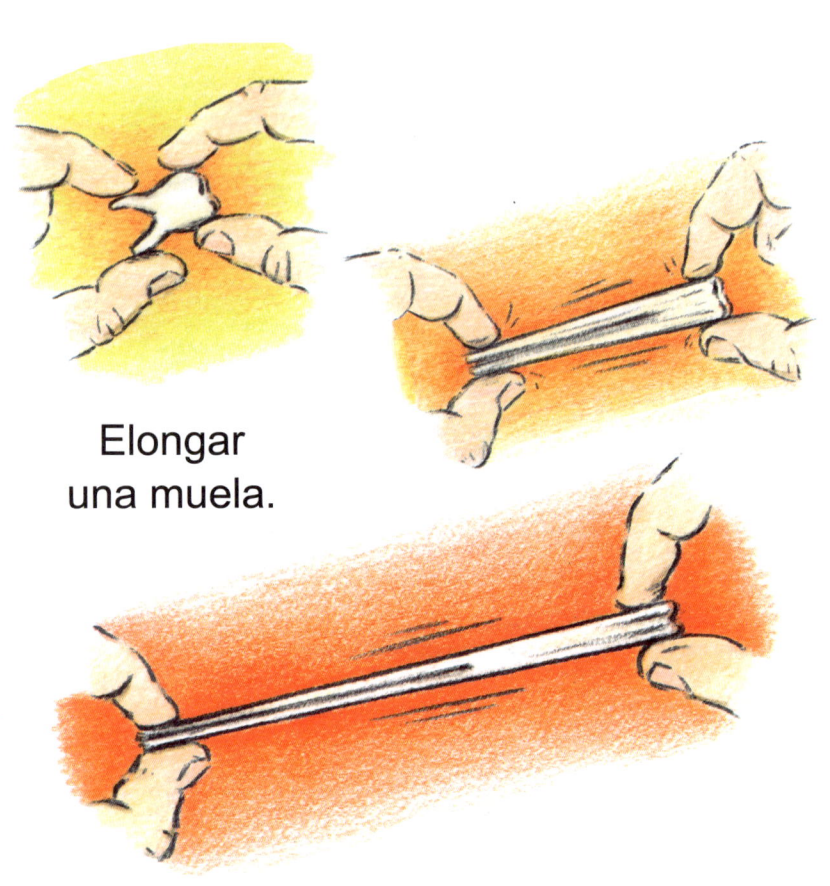

Elongar
una muela.

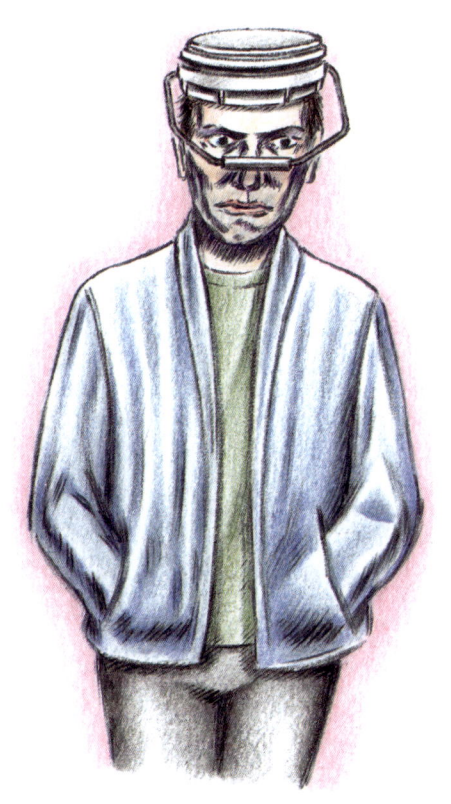

Un día se presentó con una
gorra experimental que parecía
la tapa de un cubo de pintura.

Ruina ficción: Han inaugurado unas ruinas romanas en la azotea del tren.

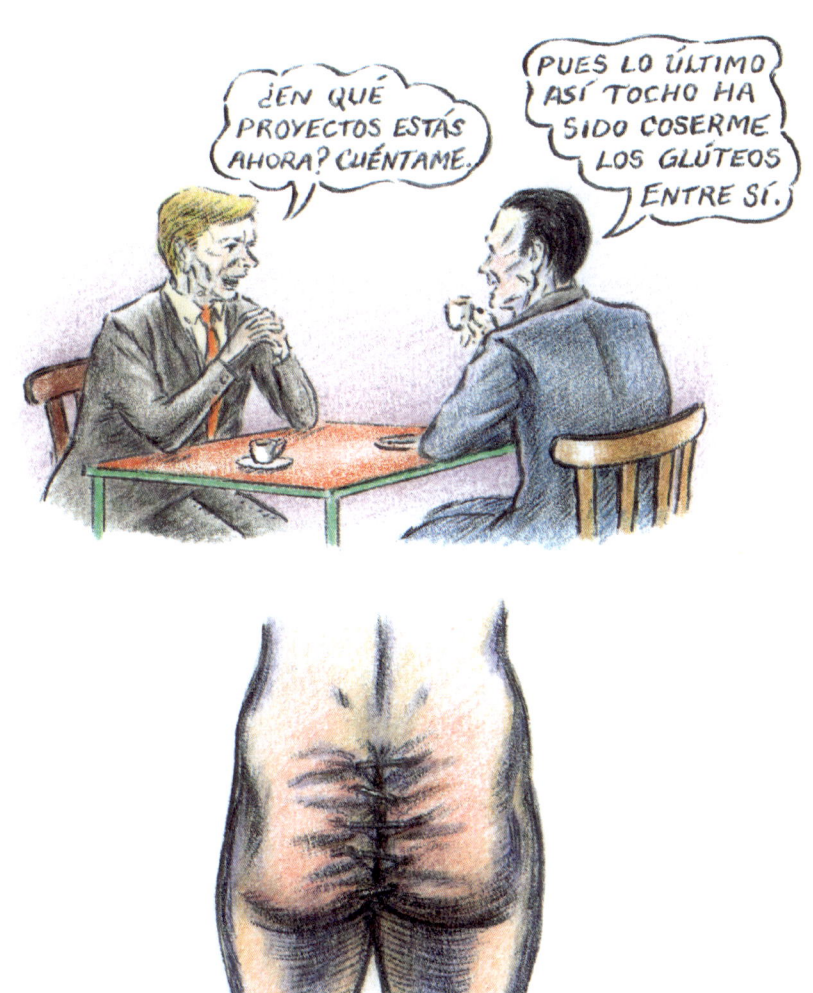

La entrevista definitiva a Miguel Noguera.

(Noguera asiente serio y concernido).

Darle la espalda al espectáculo de magia.

Pensar que la parte visible del cinturón es el pene, que cuelga dislocado e incomprensible por fuera del pantalón.

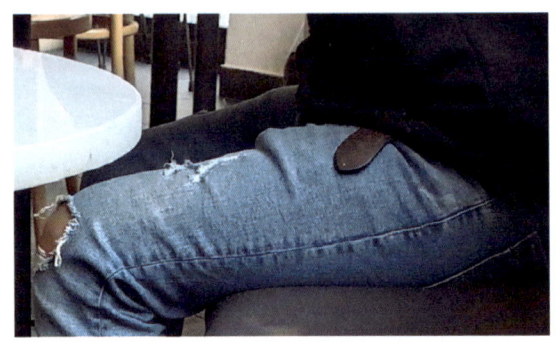

Cumbres delirantes de la cursilería religiosa.
Pretende escuchar la Biblia de forma no irónica.

Echarse
mayonesa
encima del
bocadillo.

(Encima se extraña de pringarse los dedos).

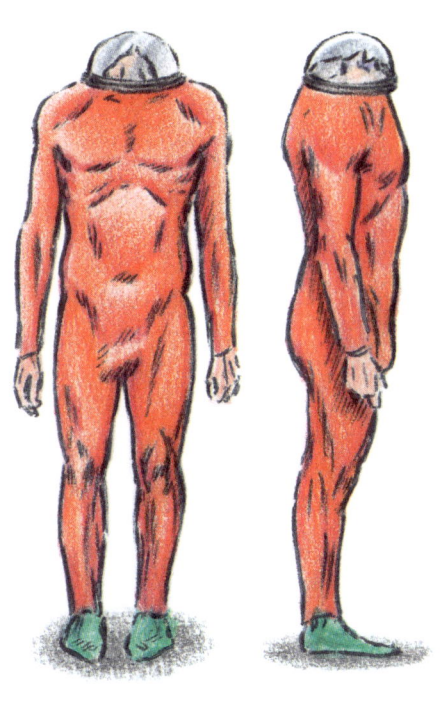
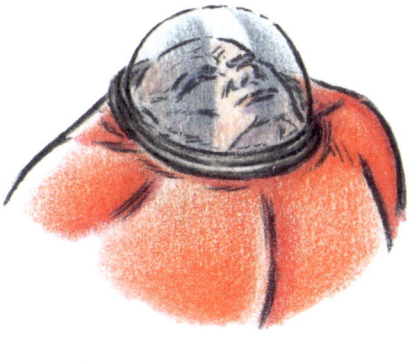

La cara montada
directamente
sobre el tronco.
El cerebro encima
de los pulmones.
La mirada fijada
en las alturas.

Constata enfática e indefinidamente.

Abuela bromea con sus nietos. Finge beber desaforadamente de un benjamín de cava cerrado, pero un absurdo eufemismo gestual le hace colocarse el botellín a la altura de la frente.

Aunque estuvo muchos años en el programa intervino poquísimas veces. Sus crípticos exabruptos son historia de la televisión.

«Por ahí va X
con el cuello
ese que tiene».

No tiene el cuello
raro, sino un
segundo cuello
imposible, un tocón
flotante, un glitch
de carne.

Metro: Mujer mira vídeos de cirugías con cara permanente de asco.

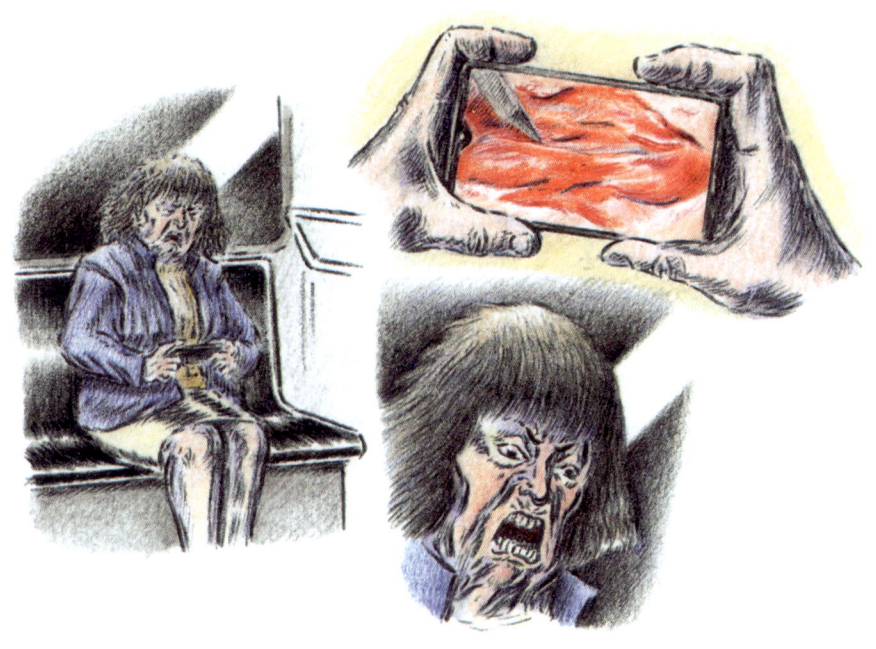

Retrato de John Bunyan (1684) por Thomas Sadler. Ver el canto del libro no como libro sino como una tira rectangular de cartón doblado.

Parroquiano apodado
«El Compás».

En la piscina:

Llamar *sombrero* a un objeto que precisamente no proyecta sombra.

Lame el reverso de todas las tapas.

Carpeta de mesa.